As 7 Leis Espirituais da Prosperidade

As
Leis
Espirituais
da
Prosperidade

Randy Gage

As 7 Leis Espirituais da Prosperidade
E como manifestá-las na sua vida

Tradução
CLÁUDIA GERPE DUARTE

EDITORA CULTRIX
São Paulo

Título original: *The 7 Spiritual Laws of Prosperity.*

Copyright © 2004 Randy Gage.

Todos os direitos reservados. Nenhuma parte deste livro pode ser reproduzida ou usada de qualquer forma ou por qualquer meio, eletrônico ou mecânico, inclusive fotocópias, gravações ou sistema de armazenamento em banco de dados, sem permissão por escrito, exceto nos casos de trechos curtos citados em resenhas críticas ou artigos de revistas.

O primeiro número à esquerda indica a edição, ou reedição, desta obra. A primeira dezena à direita indica o ano em que esta edição, ou reedição foi publicada.

Edição	Ano
2-3-4-5-6-7-8-9-10	07-08-09-10-11-12-13

Direitos de tradução para o Brasil
Adquiridos com exclusividade pela
EDITORA PENSAMENTO-CULTRIX LTDA.
Rua Dr. Mário Vicente, 368 – 04270-000 – São Paulo, SP
Fone: 6166-9000 – Fax: 6166-9008
E-mail: pensamento@cultrix.com.br
http://www.pensamento-cultrix.com.br
que se reserva a propriedade literária desta tradução.

Dedico este livro a Juanito.

Agradecimentos

Eu gostaria de agradecer especialmente a Ford, Alicia e Cyndy, do Prime Concepts Group, por tornar este projeto um sucesso com rapidez e eficiência. É uma honra trabalhar com vocês.

Sumário

Agradecimentos 7

Prefácio 11

Introdução: Deus Realmente Existe? 15

Capítulo 1: A Consciência da Prosperidade 21

Capítulo 2: A Lei do Vácuo para a Prosperidade 37

Capítulo 3: A Lei da Circulação para a Prosperidade 43

Capítulo 4: A Lei da Imaginação para a Prosperidade 49

Capítulo 5: A Lei da Criatividade para a Prosperidade 57

Capítulo 6: A Lei do Dar e Receber 63

Capítulo 7: A Lei do Dízimo 69

Capítulo 8: A Lei do Perdão 75

Capítulo 9: O que Você Vai Deixar Deus lhe Dar? 83

Prefácio
De Lisa Jimenez, M.Ed.

Estou indo de carro para Disneyworld com meus três filhos. Estamos no nosso caminhão novinho em folha. Temos conosco dois laptops (repletos de jogos), um DVD player portátil, no qual está passando um filme, e um Game Boy. Meu filho Beau diz que está entediado e não sabe como passar o tempo...

Está bem claro, portanto, que "ter coisas" **não é** prosperidade. Na verdade, QUERER mais e não ficar satisfeito com o que temos é o oposto da prosperidade; é na verdade pobreza, da mente e do espírito.

Eu iria até ao ponto de afirmar que Saúde, Riqueza e Felicidade não são prosperidade! Essas coisas dependem das circunstâncias e estas não estão sob o nosso controle. A prosperidade não tem relação com as circunstâncias.

Para mim, a prosperidade é um estado mental. É uma **alegria** inata. Essa **alegria** profunda não depende das minhas circunstâncias. Se o meu conjunto Armani ficar sujo, meu Lexus novo em folha enferrujar, se eu ficar doente, perder dinheiro ou uma pessoa amada, a minha felicidade poderá ir embora, mas a minha **alegria** inata ainda existirá.

Essa **alegria** inata é a Prosperidade.

A prosperidade é a certeza tranqüila e confiante de quem somos e a quem pertencemos. E isso basta. O irônico é que essa prosperidade é exatamente o que eu preciso para manifestar riqueza, saúde e felicidade.

Contemplo o Apóstolo Paulo, que experimentou a pobreza, a riqueza abundante e todas as condições intermediárias, e vejo uma pessoa que foi feliz em todas as situações. Como ele conseguiu fazer isso? Onde ele encontrou a fonte da sua satisfação?

Ele sabia quem era e a quem pertencia.

Eis o que o Apóstolo Paulo diz na carta que escreveu aos Filipenses:

"A verdadeira prosperidade implica estar em paz nas nossas circunstâncias. Eu sei o que é passar privações e também o que é viver na abundância. Aprendi o segredo de ficar satisfeito em qualquer situação, quer esteja bem alimentado ou com fome, vivendo na fartura ou passando necessidade. Tudo posso naquele que me fortalece. Confio nas promessas Dele." (Fl. 4:12)

Paulo também disse: "Concentre-se no que você foi chamado a fazer e não no que você acha que deveria ter feito. Desvencilhe-se do supérfluo para poder concentrar-se no eterno."

A solução para você experimentar a prosperidade e encontrar a verdadeira satisfação reside:

- Na sua perspectiva;
- Nas suas prioridades; e,
- Na procedência do seu poder.

Randy Gage tem novas idéias em todas essas áreas. Estudioso moderno, ele passou 15 anos estudando a ciência da prosperidade e a conexão existente entre o que pensamos e o que manifestamos. Neste livro, ele oferece algumas idéias estimulantes sobre o assunto. Quer você concorde com ele ou questione o que ele diz, ele merece ser ouvido, porque é um homem que sabe quem é e a quem pertence.

INTRODUÇÃO
Deus Realmente Existe?

Semana passada, participei de um jantar fascinante. O grupo era grande e, no final, ficou reduzido a uma cristã fundamentalista, um judeu, um agnóstico, um ateu, um cristão do novo pensamento, e a mim. Não resisti, naturalmente, e trouxe à baila a encantadora questão da religião e da existência de Deus.

Talvez você fique surpreso mas, embora tenhamos ficado conversando até bem depois da hora de o restaurante fechar, não conseguimos resolver a questão em definitivo. Mas a conversa foi encantadora e fascinante! O tipo de diálogo que eu adoro.

Eis o que achei fascinante. Sou cristão, acredito em Jesus Cristo tanto como figura histórica quanto espiritual. Mas à medida que a discussão ia de um lado para o outro, basicamente entre o cristão fundamentalista contra o agnóstico e o ateu, eu me vi concordando com quase tudo que os dois não-crentes tinham a dizer.

Por quê?

Porque eles tinham chegado às suas convicções depois de muita introspecção, análise crítica e pensamento consciente, ao passo que a minha amiga fundamentalista limitava-se a repetir como papagaio os clichês vazios que aprendera aos 8 anos de idade na escola católica que freqüentou e a afirmar que eles eram a "prova" do que ela estava dizendo porque está escrito na Bíblia.

É claro que, a partir de um ponto de vista lógico e racional, é impossível confirmar a idéia da existência de Deus.

Repare que eu disse que é impossível a partir de uma base lógica e racional. Isso não significa que Deus não existe. (Embora seja possível criar um forte argumento mostrando que Ele ou Ela não existe.) Significa que a prova de que Deus existe não pode ser determinada a partir de um ponto de vista lógico ou racional.

Fundamentalistas, por favor, antes de escrever para mim, certifiquem-se de que vocês realmente compreendem o significado dessas duas palavras: lógico e racional. O fato de o Salmo 14:1 dizer: "O insensato diz no coração: 'Deus não existe'" não qualifica a afirmação como compatível com a razão e o intelecto. E nem os outros 25 versículos da Escritura que vocês poderão querer citar para "provar" que Deus existe.

Neste ponto, eu poderia escrever um livro refutando as diferentes maneiras pelas quais os teístas tentariam provar a existência de Deus. De um modo geral, eles podem ser categorizados em três escolas de pensamento.

Em primeiro lugar, viria a teologia natural, ou seja, como não podemos explicar tudo o que existe no universo e de que maneira passou a existir, certamente deve haver um ser ou força sobrenatural por trás de tudo.

A seguir viriam os argumentos cosmológicos: tudo o que existe tem uma causa e toda causa existente tem que ter sido causada por uma causa anterior. Assim sendo, ou temos uma cadeia infinita de causas anteriores, ou tivemos uma causa inicial, a saber: "No início, Deus criou o céu e a terra."

Por último, viriam os argumentos do desígnio. Eles se concentram na idéia de que tudo na natureza tem um plano, de modo que temos que concluir que houve um projetista superior, algo ou alguém onipotente e onisciente (Deus).

Eu disse que poderia escrever um livro refutando esses três argumentos de uma forma lógica e racional, além de demonstrar que eles não podem ser comprovados. Mas o meu objetivo aqui NÃO é provar que Deus não existe ou demonstrar que isso não pode ser provado. Só estou dizendo que as coisas que os teístas geralmente repetem para "provar" a existência de Deus não atingem essa finalidade.

Eu acredito que, quando as nossas convicções são verdadeiras e nos satisfazem, elas resistem a qualquer investigação a que possamos submetê–las.

Concordei com muitas das coisas que o meu amigo agnóstico e o ateu disseram durante o jantar porque eles defenderam muito bem as suas convicções, e era óbvio que tinham chegado a elas após um longo período de pensamento crítico. Devo comentar que o ateu é um ex-pastor, formado pela Oral Roberts University. Suas convicções foram adquiridas depois de ele passar muitos anos investigando a alma, fazendo pesquisas e estudando.

Por esse motivo, embora eu não concorde com as conclusões a que ele chegou, tenho por ele o mais profundo respeito, porque ele não está apenas repetindo como papagaio uma coisa que a sua igreja, templo ou sinagoga lhe ensinou quando ele tinha 6 anos de idade. Ele é um homem brilhante e tomou a sua decisão depois de uma introspecção consciente. Na verdade, você descobrirá que um grande número de pessoas de peso são agnósticas ou atéias.

Aproximei–me da questão, partindo do lado oposto do espectro. Fui ateu durante os primeiros 26 ou 27 anos da minha vida. Depois de uma séria introspecção e um acontecimento que acredito ter sido uma revelação espiritual (e que meus amigos ateus provavelmente encarariam como uma alucinação mística), passei a acreditar em Deus. E, pouco depois, tornei–me cristão.

O meu problema com a minha amiga cristã fundamentalista (que é o mesmo problema que tenho com os fundamentalistas de todas as religiões), não é apenas a arrogância e a intolerância das convicções dela, e sim o fato de ela estar apenas repetindo o roteiro que lhe foi impingido pelas freiras da escola católica da Califórnia onde ela estudou.

Ela não adquiriu suas convicções por meio do pensamento consciente e tem medo de questioná–las. Se ela tivesse nascido e sido criada no Irã, no Paquistão ou em algum outro país, provavelmente estaria cobrindo o rosto em público, usando uma *burga* ou pregando como os cristãos infiéis são, na verdade, Satã disfarçado.

Você chegou às suas convicções religiosas (ou à ausência delas) por meio do pensamento consciente ou simplesmente aceitou a programação da sua família e/ou da sua instituição religiosa?

Eu acredito em Deus. Não alimento a ilusão de que a existência Dele possa ser demonstrada por meio de provas racionais. Ou pelo menos não no nosso nível atual de conhecimento científico. No entanto, eu acredito que...

As coisas espirituais precisam ser discernidas espiritualmente.

Tendo dito isso, eu acredito que a prosperidade é governada por leis espirituais e que essas leis atuam de uma maneira muito lógica e racional, exatamente como a lei da gravidade.

Assim sendo, o livro que você está começando a ler percorrerá dois mundos: o da espiritualidade e o da racionalidade. E se fiz direito o meu trabalho, eu o levarei a questionar algumas convicções que você considera verdadeiras. Espero, portanto, que você discuta intensamente o que ler. Mas, acima de tudo, espero que você o ponha em prática, porque a verdadeira prova reside na manifestação.

Posso dizer a você que a descoberta e a implementação dessas leis possibilitaram que eu fizesse uma reviravolta na minha vida e saísse de uma pobreza abjeta e mergulhasse numa opulência abundante. Escrevi este livro para que você possa fazer o mesmo!

RANDY GAGE
Hollywood, Flórida

1

A Consciência da Prosperidade

No Concorde, em algum lugar sobre o Atlântico...

Escrevo este capítulo zunindo a 58.000 pés acima da Terra e um pouco mais rápido do que o Mach II. (Para aqueles que estão fazendo as contas em casa, são 2.156 quilômetros por hora.)

Estou a bordo do vôo 001 da British Airways, na nau capitânia da frota, voltando para os Estados Unidos depois de dirigir em Londres um seminário de fim de semana sobre a prosperidade.

É engraçado. Quando corro no meu Viper (a uma velocidade que varia em torno de 240 quilômetros por hora), uso um traje de piloto, luvas e sapatos à prova de fogo, um capacete Bell à prova de choque e um cinto de segurança preso em cinco pontos de fixação. Meus companheiros de viagem bebericam Dom Perignon acompanhado de caviar Beluga. As pessoas não usam roupas à prova de fogo ou capacetes à prova de choque, enquanto vão descontraídas até o banheiro no intervalo entre as refeições. Não poderia haver melhor demonstração da prosperidade que é possível a partir do progresso humano!

Tive a oportunidade de experimentar e falar bastante sobre a prosperidade durante o fim de semana. Começou na chegada ao aeroporto. Cheguei mais ou menos com duas horas de antecedência, pensando que as exigências de segurança no aeroporto JFK, relacionadas com um vôo internacional, seriam enormes. Descobri que, na condição de passageiro do Corcorde, eu tinha direito a um check-in exclusivo, sendo logo conduzido a uma fila especial para procedimentos de segurança. A seguir, entrei na "Sala do Concorde", onde fui papariçado por garçons exclusivos que me serviram champanhe, café da manhã e algumas gulodices. Quando aterrissei, em vez de ficar esperando atrás das 500 pessoas que têm que ficar na fila da alfândega, fui conduzido a uma fila especial na qual fiquei apenas cinco minutos.

Olhar para o avião do terminal já é uma experiência e tanto. Ele parece uma majestosa ave de rapina, e mesmo parado, imóvel, dá a impressão de estar voando a uma velocidade transônica. Homens adultos transformam-se em crianças aparvalhadas que falam em sussurros e suplicam a desconhecidos que tirem uma foto do avião com elas. O tempo de vôo para Londres na sexta-feira foi de 3 horas e 14 minutos. Agora, na volta, estamos enfrentando vento de proa, de modo que vamos levar para chegar a eternidade de 3 horas e 22 minutos!

AS 7 LEIS ESPIRITUAIS DA PROSPERIDADE

A segunda parada do meu fim de semana de prosperidade foi uma visita a John Lobb, que confecciona calçados sob medida, no centro de Londres. A família Lobb fabrica sapatos há várias gerações para pessoas como o Príncipe de Gales, Andrew Carnegie, o Duque de Edinburgo e Frank Sinatra.

É um tanto engraçado, mas vejo os sapatos como um padrão de comparação para a minha consciência de prosperidade.

Cresci tendo sempre apenas dois pares de sapatos (o tênis e o sapato "de festa"). Lembro-me de que fiquei incrédulo quando soube que havia pessoas que gastavam efetivamente 200 dólares com um par de sapatos. Eu achava que isso era decididamente indecente.

Quando comecei a ganhar algum dinheiro e descobri as coisas melhores da vida, ouvi falar nos mocassins Bally. Eles são fabricados com um couro extremamente macio e se ajustam ao pé como manteiga amolecida. Quando comprei o meu primeiro par, tive a impressão de que tinha ascendido ao pináculo da riqueza e da opulência, porque eu estava gastando mais com um par de sapatos (300 dólares) do que eu costumava gastar com o carro. Eu achava que era impossível ficar mais rico!

À medida que prosseguia na minha jornada em direção às coisas boas da vida, descobri a alegria dos calçados de marca exclusiva, como Prada e outros, o que significou dobrar a quantia que eu gastava com sapatos.

A partir dali, passei a comprar calçados Testoni, o complemento perfeito para um terno elegante. Agora eu

A Consciência da Prosperidade | **23**

estava acima da marca dos mil dólares por par de sapatos, o que ia além até mesmo da minha consciência de prosperidade.

Mas quando compramos coisas na extremidade mais elevada do espectro, descobrimos algo bastante interessante...

Existe realmente uma diferença. Completos desconhecidos nos param e elogiam o nosso calçado. Podemos usar os sapatos o dia inteiro e mesmo assim não ficar cansados. E um par de calçados de qualidade dura a vida inteira.

E quando entramos no estabelecimento de Lobb em Londres...

Escolhemos o estilo que apreciamos, a qualidade exata de couro, a cor e selecionamos o tipo de salto. A seguir, os dois pés são medidos em quatro pontos pela pessoa especializada. A seguir, ela faz o traçado do pé, anotando os dados precisos e cada característica particular.

A partir dali o calçado vai para o profissional, cuja engenhosidade reside em usar essas informações para fabricar um sólido modelo de cada pé.

O seguinte na seqüência é o especialista em couro, cuja vasta experiência em pele curtida possibilita que ele escolha e corte os oito pedaços de couro que serão usados para confeccionar a parte superior do sapato.

Esses pedaços vão então para o profissional que executa o trabalho, cortando e costurando o couro ao redor da fôrma do sapato.

Finalmente, o calçado vai para o confeccionador que pega essa parte de cima do sapato cuidadosamente montada e acrescenta a ela a sola feita do melhor couro curtido com casca de carvalho e o salto rebitado em camadas.

Lobb afirma que os seus profissionais são tão precisos que são capazes de dizer o número exato de pontos que precisam dar para conferir o força máxima à união da sola com a parte superior de qualquer calçado.

Depois de terminar a sola, o confeccionador acrescenta os detalhes, como ilhoses e palmilhas, e a seguir envia os sapatos para o profissional que lustra o par.

Este deixa-os reluzindo na sua glória prístina. Outro par de sapatos de Lobb, o fabricante de calçados, acaba de nascer! E junto com ele outro aumento da minha consciência de prosperidade. Não vou intimidar você informando quanto eu gastei, mas vou dizer uma coisa. Só as fôrmas de sapato que vieram com eles custaram mais de 600 dólares!

Será que vale a pena? É indecente gastar todo esse dinheiro quando crianças estão passando fome na África... doenças precisam de financiamento para que a cura seja descoberta... animais maltratados precisam ser salvos... etc., etc.?

Bem, essas são algumas perguntas interessantes. No entanto, antes de respondê-las, vamos tomar a direção oposta e ir a um hotel na Califórnia...

Ele foi fundado em 1875. Foi a sensação do cenário social de São Francisco durante quase um século. Entretanto, um belo dia, o Palace Hotel perdeu a sua glória, tornando-se um fantasma do seu ilustre passado.

Hoje, depois de muitos milhões de dólares e uma completa restauração, o Palace voltou a ser o Palace. Se o esplendor recém–decorado não é capaz de convencê-lo, a sobretaxa de um dólar e meio para telefonemas locais certamente o fará.

O que suscita uma interessante questão de prosperidade...

Dirigi recentemente em Las Vegas um Retiro Mastermind de nível avançado do meu programa de treinamento. Escolhemos o Aladdin Hotel, porque alguns dos membros do Conselho do Mastermind vinham reclamando das elevadas diárias de hotel de algumas das nossas excursões exóticas. Concordei então em ter a cada ano uma viagem de luxo e outra de preço mais acessível.

Dois minutos no interior do Aladdin me fizeram ver o erro que eu cometera. (Embora eu já tivesse desconfiado de alguma coisa quando o motorista do táxi me disse que todos os que ele pegara lá tinham feito reclamações e que, além de a pressão da água ser pouca, não havia água quente nos andares mais altos.)

É difícil acreditar que se pode gastar mais de um bilhão de dólares para construir um lugar e ele não ser agradável. Mas, se você precisa de uma prova, vá ao Aladdin.

A primeira espelunca do mundo de um bilhão de dólares. Mas, voltando ao nosso dilema da prosperidade...

Um dos membros do meu Conselho se queixou de que precisava tirar umas cópias e o hotel estava cobrando 25 centavos por cada uma. Eu disse a ele que superasse o problema e se concentrasse em coisas mais prósperas.

Foi fácil para mim dizer isso, até que descobri que eles cobravam 25 dólares por dia pelo uso de uma sala de ginástica que você esperaria encontrar num Holiday Inn.

Não, retiro o que disse. Peço desculpas ao Holiday Inn.

O Aladdin também cobra 5 dólares de sobretaxa para receber uma carta durante a noite. E um dólar por página de fax recebida. E espero sinceramente, pelo bem de Michael Bolton, que ele nunca precise cortar o cabelo lá. O meu corte custou 59 dólares.

Olho para o cabelo dele e depois para o meu ou, mais especificamente, para a ausência dele, e só consigo imaginar que o dele custaria 15.724 dólares.

Por conseguinte, a pergunta formulada, que é uma boa pergunta, é onde termina a administração prudente do dinheiro e tem início a vida próspera?

Essa é uma questão fascinante...

É exagero pagar 400 dólares por noite por um quarto de hotel, quando existem outros disponíveis por 89? E 800 dólares por noite? E quatro mil dólares por uma suíte?

O que você acharia de pagar dez mil dólares por uma bolsa? Você encontra várias nas lojas Bellagio em Las Vegas. Ao lado de um maravilhoso casaco de avestruz.

Agora eu estou no Palace tomando o meu café da manhã, que é composto por um copo de suco de fruta fresca e um pouco de granola. Essa pequena refeição vai me custar cerca de 25 dólares. A menos de um quarteirão de distância, há um McDonalds onde eu poderia fazer um lanche satisfatório por dois dólares.

A Consciência da Prosperidade

Mas acho que vou ficar onde estou.

Em primeiro lugar, estou tomando um café da manhã que vai prolongar a minha vida e não encurtá-la. O suco de laranja foi feito na hora, e estou sentando na mesa diante de um belo vaso de vidro azul com duas rosas recém-cortadas. O sistema de som está tocando música clássica e todos estão vestidos com elegância. Os homens puxam a cadeira para as mulheres e acabo de perceber que sou o único representante do sexo masculino que não está usando um casaco esporte ou uma jaqueta. No café da manhã!

A sala de jantar é um átrio de vidro, com uma altura que corresponde a quatro andares, com majestosas colunas de mármore. Poderia funcionar como um teatro lírico em muitas regiões do mundo! Turistas passeiam apenas para olhar boquiabertos para o teto. Uma grande mesa redonda com um arranjo floral está situada no centro. Esse arranjo provavelmente custou ao hotel mais dinheiro do que noventa por cento dos habitantes do mundo pagam por mês de aluguel. A quantidade de samambaias e outras plantas é suficiente para abastecer um aviário.

Você consegue realmente comparar tudo isso sentado num banco de plástico, olhando para a *memorabilia* de Ronald McDonald, engolindo uma comida com uma quantidade de colesterol suficiente para derrubar um garanhão?

Se você acha que um carro é apenas um transporte que o leva do ponto A para o ponto B, você nunca andou de Rolls Royce, nunca dirigiu uma Ferrari. Se você acha que um par de sapatos não deveria custar mais de cem dólares, você nunca enfiou os pés em mocassins Bally ou Santoni. Ou nunca "arrematou" o traje perfeito com o par certo de sapatos de crocodilo ou avestruz.

De fato, a diferença de preço entre uma poltrona na primeira classe e uma na classe econômica é enorme. Mas você talvez ache que vale a pena pagar essa diferença se você tiver mais de um metro e setenta de altura, pesar mais de 55 quilos ou quiser abrir um laptop. Se você quiser trabalhar (ou dormir) na viagem; se você quiser ser tratado com respeito e não como gado; e se você quiser chegar relaxado ao seu destino, certamente poderia valer a pena gastar essa quantia adicional.

Eis o que penso a respeito de tudo isso...

Pagar 25 centavos por uma cópia xerox não se justifica em função de nenhum valor adicional. A qualidade é a mesma das cópias que você tira por 10 centavos. Mas a quantia insignificante sobre a qual estamos falando não justifica que eu perca tempo preocupando-me com o fato.

Também é difícil justificar pagar 25 dólares para fazer exercício numa sala de ginástica que seria de graça em qualquer outro lugar, ou 1 dólar por página de fax recebido. Isso é uma extorsão mesquinha. O que não quer dizer que estou procurando barganhas...

Fico feliz em pagar 25 dólares pelo café da manhã do Palace, cinco mil dólares por um terno sob medida e uma grande quantia pelo carro esporte adequado.

Por quê?

Porque essas coisas oferecem um aumento fantástico de qualidade com relação às alternativas mais bara-

A Consciência da Prosperidade

tas. No que diz respeito à prosperidade, minha convicção é simples:

A vida é curta demais para eu voar na classe econômica!

Eu digo isso porque acho que sou "bom demais" para voar na classe econômica?

Bem, já que você mencionou esse fato, a resposta é sim! Se a minha cabeça cai para trás por sobre o encosto da poltrona porque ela foi projetada há 40 anos quando a altura da pessoa comum era em média trinta centímetros mais baixa... se o cara que está sentado do meu lado está invadindo o espaço a que tenho direito no braço da poltrona... se o assento na minha frente está fazendo pressão contra o meu joelho... se não consigo nem mesmo ler o que está na tela do meu laptop porque não consigo abri-lo completamente... então com certeza eu sou bom demais para viajar lá trás. E você também é!

Eu não acho que seja proveitoso para Deus, para você ou para alguém viver na classe econômica. Eu acho que é um crime ser infelizes, pouco saudáveis ou lutar para ganhar a vida. **Na verdade, considero um desvio da sua natureza divina você se acomodar à falta ou à limitação em qualquer área da vida.**

No entanto, sabemos, a partir do prefácio de Lisa, que "as coisas" não nos fazem felizes e não são elas que medem a nossa prosperidade. Sem dúvida, os bens materiais podem tornar a vida mais confortável, e espero que você tenha muitos deles. Sei também que o nosso relacionamento com uma força maior do que nós é a verdadeira fonte da nossa prosperidade.

Um homem muito próspero fez certa vez o seguinte comentário: "Procure primeiro o reino de Deus e a justiça Dele, e tudo o mais lhe será dado por acréscimo." Ponho Deus em primeiro lugar na minha vida, reconheço que o Espírito Divino é a fonte das múltiplas bênçãos que tenho na vida e dou graças por isso tudo ser verdade.

Eu adoraria escrever um livro sobre prosperidade que não mencionasse Deus, porque ele precisa alcançar mais pessoas. Mas não pude fazer isso, porque, como mencionei na introdução, as convicções que tenho nessa área não me permitiriam fazer isso.

Não me interprete mal. Eu não estou aqui para converter você ou contestar a sua fé particular, mas estou compartilhando os meus pensamentos, experiências e discernimento sobre a prosperidade como são verdadeiros para mim. E acho que ter uma base espiritual é uma parte integrante do processo.

Acho que "as coisas" também estão envolvidas. Acredito que a prosperidade seja um composto de vários elementos. Amparo espiritual. Saúde abundante. Relacionamentos significativos. Trabalho gratificante. Desenvolvimento intelectual. E bens materiais.

Você nunca me ouvirá dizer algo como: "A prosperidade é mais do que 'apenas' dinheiro", porque dizer isso deprecia o dinheiro. Eu acredito que ter dinheiro é a maneira mais rápida de demonstrar quem nós somos e o que temos em vista. Acredito efetivamente que o dinheiro seja Deus em ação. O desejo é que faz a nossa alma evoluir.

Não existe nenhuma dúvida de que a prosperidade diz respeito a apreciar uma chuva de verão, as ondas

A Consciência da Prosperidade

quebrando na praia e as asas de uma borboleta. A prosperidade envolve ter uma forte ligação com o Criador, conhecer pessoas que trazem alegria à nossa vida e segurar um recém-nascido. Prosperidade também envolve ter roupas bonitas, viver na casa (ou casas) dos nossos sonhos e ter um carro (ou uma garagem repleta de carros) que faça o nosso coração bater mais rápido!

Os meus prazeres na vida são simples. Quando estou jogando softball e balanço o taco com perfeição, acerto a bola da maneira correta e ela voa por cima da cerca para um home run, estou tendo uma experiência espiritual. Quando acordo e vejo o Sol nascendo sobre o oceano, também estou vivendo uma experiência espiritual. Contribuir para a minha igreja é importante para mim e também me proporciona uma recompensa espiritual.

Mas não se enganem. Essas experiências espirituais são mais intensas devido ao dinheiro que eu tenho!

Tenho tido sucesso, de modo que agora posso programar o meu tempo à minha maneira e jogar em quatro confederações de softball. Todo mundo pode apreciar o nascer do Sol, mas acho que ele é ainda mais espiritual para mim, porque posso contemplá-lo do meu condomínio, todos os dias, e não uma vez por ano enquanto estou hospedado num hotel. Posso contribuir para a minha igreja, porque não estou mais lutando para pagar as minhas contas. Sou capaz de ajudar os outros, porque ajudei primeiro a mim mesmo.

Fico impressionado com o número de pessoas que oferecem seminários de prosperidade e não têm dinheiro. Elas dizem coisas como: "Posso não ter conseguido manifestar muito dinheiro, mas tenho saúde e sinto-me próspero não importa onde eu esteja."

Ótimo. Estou contente porque elas são felizes. Mas eu acho que, se você tem que se preocupar em pagar o aluguel, se imagina o que vai acontecer se o seu carro quebrar ou tem medo de não ter o suficiente para mandar o seu filho para uma boa faculdade, você não está vivendo a verdadeira prosperidade.

Acredito que os desejos não nos são dados sem que também nos sejam oferecidos os recursos para manifestá-los. E acredito que manifestá-los é o que nos faz avançar mais no caminho do desenvolvimento espiritual. Creio no que o Reverendo Eric Butterworth chama de "Divina Insatisfação".

Eu não me sinto satisfeito em voar como sardinha em lata. Nem em calçar sapatos baratos. Tampouco em comer comida gordurosa. E acredito que isso vem de Deus. A verdadeira questão com a qual estamos lidando aqui, portanto, é: "Quanto é bastante?"

Essa é uma pergunta interessante, porque eu acho que ela provavelmente é uma das piores expressões de privação já pronunciadas. O mero tom e a predisposição da pergunta já encerra um aspecto negativo.

Nós a ouvimos quando lemos a respeito de um atleta profissional que assina um contrato de vulto, de uma pessoa que ganha uma grande quantia na loteria ou de alguém muito rico que ganha ainda mais dinheiro.

"Acho que ele não conseguia viver com dez milhões por ano. Ele foi para outro time para ganhar 12 milhões."

"Ela ganhou 57 milhões. Eu não preciso de tanto. Ficaria feliz com um milhão."

"Ele já vale quatro bilhões e está construindo outro hotel. Afinal de contas, quanto é bastante?"

Observe como essas declarações são depreciativas por natureza. Cada uma delas insinua que a pessoa em questão ou é pouco razoável ou é gananciosa. A implicação é que o dinheiro "extra" que elas estão recebendo está vindo do nosso bolso.

Exemplo: "É por isso que o preço dos ingressos é tão alto. Esses caras ganham demais."

Soa bem, parece bom, tem uma boa aparência no papel. Mas não é verdade. O motivo pelo qual esses atletas ganham tanto é o fato de eles atraírem fãs para o esporte. As pessoas vão aos estádios e assistem à televisão. Se elas não fizessem isso, o time perderia dinheiro e iria à falência. Na verdade, é um bom investimento para os times ter alguns supercraques que atraiam mais torcedores. É isso que leva o esporte adiante.

Os times só pagam os jogadores para que estes façam com que eles ganhem mais dinheiro. A exceção, neste caso, é a Major League do beisebol, porque eles têm uma isenção antitruste. O esporte não é regulado pela economia do mercado livre e, sim, pela ignorância dos proprietários e do dirigente atual.

Sempre estabilizamos as coisas quando deixamos o mercado livre prevalecer. Fatores econômicos como o preço e os salários sempre se regularizarão, porque o mercado livre baseia-se na troca de valor por valor.

E essa é a verdadeira questão da prosperidade...

Mencionei o casaco de avestruz e a bolsa que vi, ambos com o preço de dez mil dólares. Se existem pessoas que pagam esse valor por esses artigos, elas devem perceber esse valor neles. É errado julgar que a situação está errada, porque não podemos saber o que o gasto significa para essas pessoas ou qual é a situação financeira delas.

Uma coisa eu posso dizer. Eu teria comprado o casaco de avestruz num piscar de olhos se eu já não tivesse tantos casacos e não morasse num lugar onde só posso usar agasalhos cerca de cinco noites por ano. Ele era lindo.

No meu caso pessoal, simplesmente não tenho como justificar a compra comigo mesmo, porque já tenho um casaco de cashmere, um de couro, um de lã e cerca de sete outros dos mais variados tipos. Se eu não tivesse comprado uma jaqueta nova Pal Zileri no mês passado em Paris, estou certo de que teria ficado com o casaco. (E o fato de eu ainda estar falando sobre ele dá crédito à possibilidade de que eu pegue um avião e vá comprá-lo!)

Tratemos agora da bolsa de dez mil dólares. Eu não a vi e nada sei a respeito dela. E tampouco preciso de uma. Mas uma coisa eu posso dizer. Quatro mulheres no Conselho do Mastermind não conseguiam parar de falar nela e de comentar como ela era linda. Pude dizer pelo olhar delas que a bolsa levaria uma grande felicidade à vida delas. Por conseguinte, a situação não me parece tão descomedida.

Não tenho a menor idéia de onde você está agora. Mas acredito que você deseje ter mais na vida; caso contrário, não estaria lendo este livro. E creio que você tem

A Consciência da Prosperidade

um Criador que quer que você tenha mais, faça mais e se torne mais.

E é por esse motivo que estou escrevendo este livro para você. Eu acredito que a prosperidade é todas essas coisas sobre as quais falamos. Creio também que, para torná-las uma realidade na sua vida, basta que você a viva de acordo com as leis espirituais que a governam. Dediquei um capítulo a cada uma delas. Sendo assim, se você está pronto para receber a verdadeira prosperidade que é seu direito inato, vire a página!

2

A Lei do Vácuo para a Prosperidade

O universo não pode colocar coisas boas na sua mão enquanto você não soltar o que está segurando.

Quando você anda pela praia, você deixa pegadas na areia. Mas se você der ao vento e às ondas alguns minutos, esses rastros serão preenchidos. Assim como a vegetação cobre um campo e uma determinada programação se expande para se acomodar ao tempo designado para uma reunião.

Certa noite, no final da aula de prosperidade que eu estava ministrando, uma das alunas aproximou-se de mim, confusa. Ela queria saber como toda "essa coisa de prosperidade" poderia estar funcionando, visto que ela recentemente perdera o emprego e o namorado a abandonara.

O interessante é que ela vinha se queixando do emprego havia meses. O salário era minúsculo e a função não parecia oferecer nenhum espaço para ela progredir. E várias vezes havíamos conversado sobre o namorado dela, que a maltratava tanto física quanto verbalmente.

Por conseguinte, eu disse a ela que era bastante provável que ela estivesse num caminho bastante positivo em direção à prosperidade. E foi exatamente o que aconteceu.

À medida que a consciência dela se desenvolvia, o emprego não conseguiu mais contê-la e o namorado deixou de se sentir à vontade ao lado dela. No final, ela conseguiu um emprego muito melhor e conheceu um homem que gostava realmente dela e não a maltratava.

Se você está apegado a algo negativo, não há espaço para que o positivo entre na sua vida. Portanto, quando as pessoas me procuram em busca de conselho porque não estão manifestando a prosperidade em todas as áreas da vida, a primeira pergunta que faço a elas é a seguinte:

A que você está apegado? O que você precisa soltar?

Esse efeito do espaço vazio funciona em todas as áreas da vida. Quando estou distraído e sobrecarregado de trabalho, uma simples olhada na minha mesa e no meu escritório explica tudo. Coisas empilhadas por toda parte. O meu ambiente está confuso e desordenado, de modo que eu me sinto confuso e desordenado.

Portanto, paro de fazer o que estou fazendo e começo a fazer uma arrumação. Empilho tudo no chão, por ordem de projeto. A seguir, ponho cada projeto na devida pasta. Depois, elaboro uma lista de coisas a fazer, relacionando as coisas importantes que precisam ser feitas para cada projeto. A seguir, arquivo as pastas ou coloco-as na caixa de projetos em andamento na minha escrivaninha.

Mesmo que eu tenha 40 coisas na minha lista, imediatamente relaxo e me dedico às tarefas com clareza e concentração. Estabeleço prioridades na lista e fico muito feliz com cada item que cancelo ao terminar. Essas medidas criam uma energia positiva em torno de tudo o que eu faço e, antes que me dê conta, já concluí tudo o que tinha para fazer.

Pessoalmente, trabalho melhor quando tenho paz interior e concentração. Preciso, portanto, livrar-me de todas as distrações e criar um espaço para a paz de espírito. Se eu sentir que coisas demais estão acontecendo na minha vida, faço uma arrumação na gaveta da bagunça ou nos armários.

Quando você está cercado por um espaço aberto e organizado, você se sente mais expansivo, criativo e no controle da situação. Esse mesmo princípio se aplica a todas as áreas de prosperidade da sua vida. Se você quer sapatos novos, dê de presente alguns dos que você tem. Se deseja roupas novas, faça uma arrumação no armário (crie um espaço) e doe algumas roupas velhas para uma instituição de caridade.

Você quer receber mais abraços? Abrace as pessoas. Quer mais amor na sua vida? Dê amor aos outros!

É claro que o mesmo se aplica à saúde. Tive muitos problemas de saúde nos meus primeiros 30 anos de vida. Assim como tive muitas dificuldades financeiras e outros problemas pessoais. A conclusão é que eu estava doente, duro e era um idiota!

E eu não conseguia entender por quê. Descobri que, na verdade, eu estava manifestando toda aquela carência na minha vida porque tinha uma consciência de vítima. Eu estava me apegando à carência, porque ela fazia com que eu continuasse a manifestar coisas ruins... o que me permitia alimentar a minha imagem de vítima.

Eu podia andar de um lado para outro todos os dias com os meus amigos perdedores queixando-me junto com eles de como era difícil progredir, de como os ricos tinham todas as oportunidades, de como a vida era injusta e de outras bobagens desse tipo.

Eu estava apegado a ser vítima... de modo que não havia espaço na minha mente para que eu me tornasse um vencedor.

Assim que consegui me livrar da condição de vítima, um mundo de possibilidades abriu-se diante de mim. Problemas de saúde que tinham me acompanhado a vida inteira simplesmente desapareceram, num piscar de olhos.

Não me entendam mal. Os problemas de saúde eram reais e eu tinha todos os tipos de registros médicos para prová-lo. No entanto, eles eram reais porque eu acreditava que eles o fossem e porque eu precisava deles para continuar a ser uma vítima. No momento em que deixei de querer ser uma vítima, milagrosamente fiquei curado.

Como eu não precisava mais das doenças para definir quem eu era, o meu corpo simplesmente livrou-se delas e regenerou os meus tecidos saudáveis.

Mas a prática dessa lei exige certa quantidade de fé. Você precisa estar disposto a abrir mão das coisas. Quando você percebe que o universo é inerentemente bom, torna-se mais fácil confiar nos resultados justos. Você deixa de ter medo de se desfazer das coisas porque sabe que elas serão substituídas por algo de valor igual ou até mesmo superior.

Você está cercado pelo bem por todos os lados. A única carência é a da sua mente. Fique aberto para receber a prosperidade, para criar um espaço para contê-la, e você certamente a atrairá.

Afirmações de Prosperidade para Criar um Espaço para o Bem:

Abro mão de tudo que já não me serve e sou receptivo ao bem que se aproxima de mim.

Entrego-me e deixo Deus entrar. Sei que o meu bem maior aproxima-se cada vez mais de mim.

Livro-me do que já não me serve. Estou aberto ao bem abundante e generoso que está vindo na minha direção.

Desisto de tudo que não é o meu bem maior e abro-me à Ordem Divina.

3

A Lei da Circulação para a Prosperidade

***Esteja disposto a dar algo que você possui
para receber uma coisa que você deseja.***

Pense na prosperidade como um rio que corre borbulhante. Ele está sempre em movimento, liberando pressão e buscando o seu nível ideal.

Por outro lado, quando a água empoça num lugar, ela fica turva e estagnada.

A lei da circulação que governa a prosperidade funciona da mesma maneira. A acumulação mesquinha leva à recessão. Quando você faz a substância circular, você rompe o bloqueio de energia e deixa o rio da prosperidade correr livremente.

Eu, por exemplo, nunca acho que sou dono de alguma coisa, mesmo que o título de propriedade esteja no meu nome. Até mesmo os meus carros e a minha casa só estão temporariamente na minha vida. Depois eu os libertarei e seguirei adiante. Todos atravessamos círculos. A casa que você precisa quando solteiro pode não ser mais adequada no momento em que você tem três filhos. Analogamente, quando eles crescem e saem de casa, você talvez queira um lugar menor.

Você protege e usa as suas posses quando elas são suas. No momento em que elas já não lhe servem mais, você abre mão delas para que possam ser usadas por alguém que tire proveito delas. Assim, eu posso vender um dos meus carros esportes quando quiser adquirir o modelo mais recente. Isso é bom tanto para o novo dono quanto para mim. Eu compro o carro novo e ele adquire um carro que, para ele, é novo mas que custa menos do que o último modelo.

Mais ou menos a cada seis meses ou um ano eu faço um upgrade no meu computador, porque os novos modelos possuem mais recursos, são mais leves e funcionam mais rápido. Assim sendo, eu os compro e dou o antigo para um amigo que não tenha um computador. Quando pratico a primeira lei, e quero criar um espaço dando de presente sapatos ou roupas usadas, também estou invocando a segunda lei.

A circulação do dinheiro gera poderosos resultados de prosperidade...

Suponhamos que você esteja numa situação financeira difícil. Você só tem 300 reais e tem uma dívida de 4.500 reais. Em vez de se agarrar aos 300 reais, esperando que os 4.200 apareçam, você põe em prática a segunda lei, a da circulação.

Você sabe que a acumulação mesquinha resulta em recessão, de modo que você rompe o bloqueio e começa a fazer circular a substância que você possui, dividindo os 300 reais e enviando-os, com bênçãos, para o universo.

Assim sendo, você paga o dízimo de 30 reais ao local de onde você obtém inspiração espiritual. Depois você pode fazer um pagamento parcial de 60 reais aqui, de 45 reais ali, de 75 reais em outro lugar, etc. Essa atitude rompe a energia estagnada e faz o seu dinheiro circular. Como você está fazendo o dinheiro circular, você gera uma energia que atrai mais substância de volta para você.

Eis outra parte do procedimento. Ponha uma bênção no seu talão de cheques. Faça cada pagamento escrevendo uma bênção no canhoto do talão, repetindo verbalmente a bênção enquanto preenche o cheque. Você criará uma energia mais poderosa capaz de fazer circular mais substância e levá-la na sua direção. (Você encontrará no final deste capítulo algumas sugestões para afirmações de bênçãos.)

Quando a escassez não estiver mais presente e você estiver a caminho da prosperidade, você realmente poderá se divertir com esta lei. Agora você vai plantar sementes! Não se trata do pagamento regular do seu dízimo e, sim, da sua oportunidade de plantar sementes para o bem.

É claro que você provavelmente vai começar pelas instituições que lhe são caras. Quando você ajuda essas organizações, o efeito de onda da sua prosperidade viaja pelo mundo.

Eu ajudo, por exemplo, o programa para artistas jovens em várias Óperas. O dinheiro que semeio é oferecido a jovens estudantes, para que possam concentrar-se no estudo do seu ofício. Eles o usam para pagar o aluguel, comprar alimentos e pagar outras despesas.

Mas quando eles gastam o dinheiro, eles também estão abençoando o proprietário do imóvel onde residem, o dono do supermercado, os funcionários e acionistas da companhia de energia elétrica, etc. Desse modo, o bem está novamente circulando. É claro que essas pessoas também retêm o dinheiro durante algum tempo e, a seguir, o fazem circular pelo universo. Este ciclo prossegue indefinidamente.

Obviamente, um bem ainda maior nasce de tudo isso. Os artistas aprendem o ofício e se tornam competentes. Eles se apresentam em concertos, o que leva beleza à vida das pessoas da audiência. Eu costumo freqüentar esses concertos e sinto-me muito feliz e orgulhoso dos artistas que ajudo a manter. É um ciclo de bem infinito.

Vamos avançar um pouco mais...

Eu sei que, mesmo com a remuneração que recebem, o dinheiro ainda é curto para a maioria desses artistas. E se um dia eu convidar um deles para almoçar? E se ao voltar para casa eu o levar à loja onde costumo comprar as minhas roupas e adquirir para ele um traje de gala para as apresentações? A roupa talvez custe 3 mil reais, o que para mim é uma bagatela. No entanto, ele talvez tivesse que poupar e se privar de uma série de coisas durante um ano para conseguir os 3 mil reais.

Esses 3 mil reais não passarão pelo fundo da Ópera e não poderei descontá-los do imposto de renda. O artista que presenteei nunca me reembolsará. Eu não espero que ele o faça. É uma semente que estou plantando.

Já dei roupas para novos oradores, computadores para empresários iniciantes e equipamento esportivo para um número tão grande de equipes juvenis que nem consigo lembrar-me de todas. Esses gastos nunca aparecerão na minha lista de doações para caridade; eles são simplesmente sementes que eu costumo plantar.

Eu não sei exatamente como tudo isso voltará para mim. Mas estou certo de que voltará...

Às vezes, quando plantamos uma semente, obtemos uma venda inesperada, um aumento ou uma bonificação. Alguém de quem nem nos lembramos mais pode aparecer e pagar o dinheiro que nos deve.

Ou o bem que recebemos de volta pode não se manifestar como dinheiro...

Você pode receber a notícia de que o seu tumor é benigno, a sua filha adolescente pode começar a se comunicar com você ou você pode conhecer a sua alma gêmea.

Não espere ficar completamente livre das dívidas ou ser um multimilionário para plantar sementes. Na verdade, se a sua prosperidade parece estar realmente bloqueada, talvez seja interessante você sacudir as coisas plantando hoje uma semente.

Preciso dizer que você pode fazer a mesma coisa com o amor? Ponha o amor em circulação e você atrairá uma grande quantidade dele para a sua vida. Dê de presente algo que você não usa mais e prepare-se para receber coisas boas.

Afirmações de Prosperidade para Fazer Circular a Prosperidade:

Para escrever no talão de cheques:
Agora estou repleto da generosidade do meu Criador para suprir todas as minhas necessidades.

O dinheiro é atraído por mim como se eu fosse um ímã.

Para dizer quando você estiver fazendo pagamentos:
Eu o envio para que circule na corrente da ilimitada prosperidade. Eu sei que você voltará para mim da mesma maneira.

Esta é a generosidade de Deus, e eu a envio com sabedoria, fé e amor.

Para dizer quando você estiver plantando uma semente:
O amor divino, através de mim, abençoa e multiplica esta semente de prosperidade.

A Lei da Imaginação para a Prosperidade

Você precisa; primeiro, ver a prosperidade na sua mente.

A prosperidade, como todas as formas de sucesso, é criada primeiro na mente. Quando você imagina as coisas na mente, você está na verdade programando o subconsciente para que ele as torne realidade no plano físico.

Um dos motivos pelos quais ofereço afirmações no final de cada capítulo é o fato de elas ajudarem a programar a mente subconsciente. Eu acredito também nos cartões nos quais você escreve suas metas, declarações feitas na sua agenda ou mesmo em bilhetes com afirmações coladas no volante do carro, no espelho ou na geladeira. Quando você olha para esses lembretes, você pensa na coisa que você está tentando manifestar, e essa emoção fixa o pensamento na mente subconsciente.

Quanto maior o número de emoções envolvidas, mais clara a imagem é na mente. E quanto mais clara ela for para você, mais rápido você conseguirá torná-la realidade.

No meu livro *Aceite a sua Abundância*, descrevo um exercício que o meu amigo Richard Brooke oferece nos seus seminários para estimular esse processo. Ele pede às pessoas que escrevam o roteiro de um filme sobre o dia perfeito para elas.

Você verá então no futuro o dia em que você abre o capital da sua empresa, que você ganha o seu primeiro milhão ou inaugura o seu novo restaurante. A descrição do seu dia perfeito precisa ser convincente e completa. Lembre-se de envolver todos os sentidos, para fazer a experiência parecer o mais real possível. Você deve vê-la, ouvi-la, prová-la, cheirá-la, tocá-la e **senti-la**. Você só manifesta a prosperidade no plano físico depois de experimentá-la na mente e no coração.

Não mostre a ninguém esse roteiro, a não ser para aqueles que o apóiam e estimulam intensamente. Compartilhe-o apenas com as pessoas com as quais você pode contar e que você sabe que vão torcer pelo seu sucesso.

Mantenha o roteiro num lugar como a sua agenda, pasta ou bolsa, para tê-lo à mão todos os dias. Sempre que tiver cerca de cinco minutos livres, releia-o. Se você ficar estressado durante o dia e se sentir sobrecarregado, feche a porta, tire o telefone do gancho durante cinco minutos e estude o roteiro.

Fazer isso o acalmará, fará com que você se concentre no seu objetivo e reforçará a programação positiva na mente subconsciente. Esta é uma ferramenta muito poderosa que serve para ajudá-lo a aceitar a sua abundância. A que apresento a seguir também é excelente...

Colagem de Sonhos

Trata-se de uma ferramenta divertida e muito poderosa destinada a manifestar a prosperidade. Esta é uma das idéias que tirei do livro *Leis Dinâmicas da Prosperidade*, de Catherine Ponder, que me foi muito útil. Eis como funciona...

Você compra um pedaço grande de cartolina de boa qualidade na loja de artigos de arte ou de escritório. Você a enche de fotos, afirmações e outras coisas que queira manifestar na sua vida. Gosto de dividir a minha em setores, como o do trabalho, o espiritual, o dos relacionamentos, etc.

A seguir, em cada área, você coloca na cartolina coisas que representem aquelas que você deseja ter ou se tornar. Desse modo, algumas semanas antes de começar a colagem, você começa a juntar revistas, folhetos e outros materiais relacionados com os passatempos ou áreas nos quais está interessado.

Suponha que você tenha vontade de aprender a tocar violão. Você recorta de uma revista a foto de um violão e cola na cartolina. Mas eu não estou me referindo a qualquer violão e, sim, ao modelo exato que você deseja tocar.

A Lei da Imaginação para a Prosperidade

Digamos que a sua meta seja ficar mais perto de Deus. Você poderá afixar um símbolo religioso, uma afirmação ou uma passagem ou citação particular.

Quem sabe você tem vontade de escrever um bestseller. Você pode recortar do jornal a lista dos livros mais vendidos, cobrir o nome do livro que está em primeiro lugar e escrever por cima o título do seu. Você também pode escrever o seu nome no topo da lista de pessoas mais produtivas da empresa em que trabalha, etc.

Não existem regras para a maneira como você distribui as coisas na Colagem, exceto que a imagem precisa significar alguma coisa para você. Não importa que nenhuma outra pessoa compreenda o que você criou. Ninguém precisa entender. Mas você precisa saber o que a composição significa sempre que olhar para ela.

Tome muito cuidado com o que você colocar na sua Colagem de Sonhos...

Sherry, a minha vice-presidente, queria manifestar um marido. Ela viu a foto de um homem muito bonito numa revista e inseriu-a na Colagem. Certo dia, estávamos almoçando e ela estava falando sobre a pessoa com quem estava saindo. Ela havia chegado à conclusão de que ele não era o homem certo para ela. No entanto, ele se parecia muito com a foto que ela tinha colocado na Colagem de Sonhos!

Assim sendo, ela removeu a fotografia e substitui-a pela foto de um casal de costas passeando de mãos dadas. Pouco tempo depois, conheceu John e eles se casaram cerca de três meses depois.

Eis outro exemplo de como esta técnica é poderosa...

Na época em que eu ainda tinha dificuldades, assisti a um comercial do Dodge Viper. Fiquei quase em estado de choque com a beleza do carro e decidi que tinha que ter um. Mais ou menos um ano depois, ouvi falar nas Colagens de Sonhos e fiz a minha primeira. Eu sabia que queria um Viper vermelho, de modo que incluí um na minha Colagem. A foto do carro na revista que eu tinha era preto, de modo que usei a imagem de um Viper preto.

Alguns meses depois, eu estava negociando um contrato de consultoria com uma companhia. Coloquei no contrato uma cláusula que dizia que, quando as vendas atingissem dois milhões de dólares por mês, a empresa teria que comprar para mim um Viper novo. Aconteceu uma coisa muito interessante.

Mesmo antes de as vendas atingirem a marca estabelecida, o presidente da companhia me telefonou. Ele estava tão satisfeito com o progresso que estávamos fazendo que queria comprar logo o meu Viper. Ele era amigo do maior revendedor Viper do mundo e tinha recebido uma oferta especial.

Parece que o dono de um cassino em Las Vegas estava se divorciando e precisava levantar rápido algum dinheiro. Ele tinha um Viper com acessórios muito especiais, aros exóticos e algumas modificações no corpo do carro que tinham sido feitas pela companhia que projetara o protótipo do Viper para a Dodge. Era o único Viper daquele tipo no mundo.

Só havia um problema...

Era preto. Por esse motivo, o presidente queria saber se eu aceitaria esse carro especial ou se fazia questão do vermelho. Fiquei sem saber o que responder. Pedi algum tempo para pensar.

Fui dar uma volta de bicicleta pelo Ocean Drive. Mais ou menos no meio do percurso, avistei dois Vipers estacionados na frente de um restaurante. Um deles era vermelho e o outro, preto. Que coincidência, não é mesmo?

Desci da bicicleta e andei ao redor deles. Olhei para os dois de todos os ângulos e cheguei à conclusão de que iria ficar com o preto.

Já tive quatro Vipers depois desse dia, e o preto ainda é o meu predileto. Ao olhar para trás, estou certo de que a razão pela qual tive que ficar com o preto foi o fato de eu ter colocado a foto do carro preto na minha Colagem dos Sonhos.

Num período de apenas dois anos, consegui transformar em realidade tudo que estava na minha Colagem dos Sonhos. Por esse motivo, insisto fortemente em que você crie a sua. Ponha-a depois num lugar onde outras pessoas não consigam vê-la (para que pessoas negativas não a ridicularizem), mas você possa olhar para ela todos os dias. Como acontece com outras coisas, o simples fato de você passar pela Colagem e vê-la com a sua visão periférica exerce um efeito sobre você.

Ver as imagens todos os dias literalmente as programa na mente subconsciente. Isso cria dentro de você o desejo de tomar diariamente medidas práticas que trazem os seus sonhos para mais perto da realidade.

Veja a prosperidade primeiro na mente e, a seguir, manifeste-a no plano físico!

Afirmações de Prosperidade para Imaginar a Substância:

Avisto a fértil generosidade de Deus e atraio-a para mim agora.

Vejo o meu bem e, a seguir, o transformo em realidade.

O que eu visualizo na mente eu manifesto na Terra.

Conseguirei exatamente aquilo que eu sonho.

5

A Lei da Criatividade para a Prosperidade

O homem é capaz de manifestar a prosperidade a partir do éter por meio do poder das idéias, da visão e da imaginação.

O Reverendo Charles Fillmore ensinou que o nosso Criador proveu todas as nossas necessidades com a substância, a base do universo. Essa substância está no éter e nos cerca na Terra por todos os lados. O mais importante é que ela responde à mente do homem e é moldada pelos nossos pensamentos.

Não existe nenhum lugar na Terra onde Deus não esteja presente, de modo que existe abundância em cada ponto do planeta. A substância não vem "lá de cima". Você não precisa procurar por ela, "encontrá-la", e não precisa "conseguir" uma maior quantidade dela. Ela está totalmente presente, esperando que você a convoque.

Você nunca tem uma idéia que não possa tornar realidade; caso contrário, o Universo seria fraco no ponto mais crítico dele. O fato de você transformar essa substância numa prosperidade terrena não acontece porque Deus ouviu o seu pedido e o atendeu. A sua fé é a chave do reino do poder dentro de você que transcende a limitação humana.

Como então converter em prosperidade essa substância? Por meio das idéias.

Tudo tem origem na mente. As idéias são o centro da consciência. A mente infinita é um repositório de idéias que o homem tem à sua disposição. A sua saúde, relacionamentos, inteligência e finanças são determinadas pelas idéias às quais você dedica atenção. O que você se torna é resultado do esforço que você despende para reunir essas idéias.

Deus ou o Universo não controlam o seu bem. O poder de manifestar a sua prosperidade está dentro de você. Não procure do lado de fora a fonte do seu suprimento. Ele tem origem num poder maior do que você. No entanto, esse poder lhe forneceu todos os recursos de que você precisa e eles estão dentro de você. Você é o cocriador da sua prosperidade.

A inclusão da cláusula do Viper no meu contrato de consultoria foi uma idéia para tornar realidade o bem que eu desejava. No momento, tenho a cláusula de uma Ferrari em outro contrato. A única coisa que pode limitar o que você pode manifestar são as idéias que você tem. Tudo depende da sua maneira de pensar.

Lembro–me de estar dando uma aula sobre prosperidade quando alguém levantou a mão. Jay queria saber como poderia manifestar mais dinheiro na vida dele. Ele disse que trabalhava como enfermeiro num hospital. Era um cargo do serviço público e ele era o enfermeiro chefe. Como ele já tinha chegado ao topo da faixa salarial, era impossível ter um aumento. Até onde ele conseguia enxergar, não havia como ele ganhar mais dinheiro.

Pensei no assunto durante dois segundos e perguntei a ele: – O que está impedindo você de abrir uma agência que presta serviços de saúde na casa do cliente? E por que não abrir a mais exclusiva da cidade? Uma agência para as pessoas muito ricas que estejam doentes e desejem um serviço personalizado de altíssima qualidade?

Ele nunca havia pensado nisso. Por estar atolado em pensamentos de escassez, ele só enxergava a faixa salarial do seu emprego. No entanto, a riqueza estava simplesmente a uma idéia de distância dele. Se houve uma coisa que eu aprendi a respeito de prosperidade, foi isso. Quando visualizamos fortemente alguma coisa, o universo se curva à nossa vontade.

No meu álbum de áudio intitulado "Prosperidade", dou a essa lei o nome de Lei da Criatividade. Eu a chamo dessa maneira porque ela envolve usar a criatividade para pagar as contas, manifestar riqueza e criar resultados desejáveis. Às vezes basta mudar o modo como pensamos a respeito de alguma coisa.

Há cerca de dez anos, eu estava tendo dificuldades no meu negócio. Todas as semanas, Sherry entrava no meu escritório com uma grande pasta sanfonada repleta de contas. É claro que nela estava impressa a palavra **"contas"**.

Depois de semanas nessa mesma rotina, finalmente tive uma revelação. Cada "conta" que tínhamos era na verdade a fatura de uma bênção que já tínhamos recebido. Por exemplo: recebemos uma conta da companhia de energia elétrica porque ela nos manteve aquecidos no inverno e nos refrescou no verão, além de nos fornecer luz.

Jogamos então a pasta fora e compramos outra na qual estava escrito "Bênçãos". Começamos então a escrever uma afirmação no envelope de cada fatura que chegava. (A primeira relacionada no final deste capítulo.) Ela mudou toda a energia da situação.

Nós tínhamos entrado mentalmente num "cerco". Diariamente ficávamos apavorados com a chegada do carteiro e tínhamos começado a ver os credores como nossos inimigos. A situação voltou a ser exatamente como era antes, e compreendemos, de novo, que os credores eram nossos parceiros. Conversamos com todos e formulamos planos de pagamento. Os credores trabalharam conosco e, alguns meses depois, estávamos absolutamente em dia com todo mundo.

Existem muitas maneiras criativas de lidar com uma situação. Você pode escrever uma carta para Deus ou para o Universo. Rabisque um bilhete no final de cada dia, agradecendo por estar cada vez mais próximo dos seus sonhos.

Digamos que você esteja tendo dificuldades com uma pessoa. Talvez vocês estejam brigando na justiça ou se encontrem em outra situação desarmoniosa. Experimente escrever uma carta para o anjo dela! Mas não escreva a respeito dos problemas de vocês e, sim, sobre as pessoas envolvidas e faça declarações de harmonia e de um perfeito resultado para todos os interessados.

Você quer saber se eu acho que todo mundo tem um anjo e que eles vão ler a sua carta?

Provavelmente não. Mas sabe o que mais? Já fiz coisas desse tipo e obtive resultados incríveis. E isso nós sabemos...

No seu nível supremo, tudo na Terra é uma vibração de energia. Nesse nível máximo e supremo, tudo é uma vibração sonora. Os sábios védicos falam a respeito de se encontrar no espaço entre os pensamentos. Campbell escreveu a respeito do inconsciente coletivo. Será que existe um lugar onde os pensamentos e as afirmações se encontram?

Não tenho a menor idéia. Mas como eu disse a você, obtive resultados impressionantes com esse tipo de coisa. E essas são as coisas que parecem tolas para o não-iniciado. No entanto, elas servem para concentrar a energia e programar a mente subconsciente. Experimente algumas dessas técnicas criativas e verifique por si mesmo os resultados.

Deus não é matéria e, sim, o Universo que nos cerca. O Universo é substância e ela está disponível o tempo todo para aqueles que aprenderam a controlar a consciência. Quando você se dá conta disso e passa a saber que recebeu uma mente capaz de atrair a prosperidade, manifestá-la passa a ser bastante simples.

Afirmações para Invocar o Poder da Criatividade:

Agradeço pelo seu pagamento total e imediato.

Você é pago de forma completa e imediata por meio do fértil caminho da substância Divina.

Vejo a sua situação resolvida para o bem maior de todos os interessados.

Recorro à ordem Divina para manifestar os recursos para a minha prosperidade imediata.

6

A Lei do Dar e Receber

Você não pode dar em excesso para o universo.

Por ter recebido uma programação de escassez, tive muita dificuldade em aprender essa lição. Eu passara um número enorme de anos sendo vítima, de modo que era muito difícil para mim acreditar que, se eu desse alguma coisa, receberia uma quantidade maior em troca. Mas na verdade essa lei é assim.

Como você poderá constatar, a maioria dessas 7 leis está inter-relacionada. Esta se ergue acima de todas como "a lei das leis", porque é o princípio atuante fundamental do Universo.

Tudo na prosperidade é uma equação de valor por valor. Mas o maravilhoso a respeito de tudo isso é que o que você dá volta para você multiplicado pelo menos por dez. Não há como você superar o universo. Você não pode dar em excesso para o universo. Quanto mais você dá, mais você recebe em troca. Há mais de dez anos venho tentando ficar na frente de Deus, e não consegui. A cada ano eu dou mais, e a cada ano a minha recompensa é maior do que no ano anterior.

Você também já ouviu essa lei descrita como o que você semeia você colhe. Quando você recebe as suas bênçãos, o importante é que você as celebre e compartilhe com os outros. Se você tem um dom (seja ele tocar piano, lecionar ou pintar) e você não o pratica, você está diminuindo a sua natureza Divina.

Para honrar as suas habilidades inatas, você precisa celebrá-las e compartilhá-las. E, à medida que você faz isso, você atrai um número ainda maior de bênçãos para a sua vida.

Todas as verdadeiras ações são governadas por essa lei. Nada simplesmente "acontece". Não existe na verdade algo como sorte ou acaso. **Tudo** o que acontece é resultado de uma causa que pode ser explicada pelas leis de causa e efeito.

Duvidamos dessa afirmação quando não sabemos a causa de alguma coisa. Mas ela está sempre presente. O que consideramos "milagres" são coisas controladas por causas que ainda não compreendemos.

Cada circunstância da sua vida atual é resultado de causas criadas por você. Assim sendo, se você quer mudar as suas circunstâncias, mude o que você está dando. Lembre-se de que, para cada dez por cento de esforço que você despende, você recebe em troca cem por cento.

Pense na nossa lição anterior sobre plantar sementes. Essa lei é a que determina os resultados que você produz ao plantá-las.

No entanto, assim como você pode atrair e multiplicar o que é bom, as coisas também podem funcionar da outra maneira. Suponhamos que você fale mal de um colega de trabalho. Você está criando uma dívida kármica negativa que precisa ser paga. E o preço também é multiplicado por dez.

Isso acontece sempre que você enriquece à custa de outra pessoa, mesmo que você não tenha tido essa intensão. Vou dar um exemplo do que estou querendo dizer...

O meu programa favorito na televisão costumava ser "COPS". Depois, por alguma razão, afastei-me dele e deixei de assisti-lo durante anos. Certa noite, eu estava num hotel, na véspera de um seminário, e comecei a trocar de canal procurando "Baseball Tonight". Enquanto fazia isso, deparei com COPS. Pensei: "Ótimo, há muito tempo não assisto a esse programa. Eu o adoro." Passados mais ou menos cinco minutos, tive que mudar de canal. Os policiais receberam um chamado relacionado com um problema doméstico. Quando chegaram ao local, encontraram uma mulher bêbada, viciada em drogas, que tinha sido espancada pelo namorado ou marido. Quando os policiais começaram a perseguir o homem, a mulher desdisse a história e começou a defendê-lo. (Como fazem freqüentemente as vítimas de abuso.) Enquanto eu assistia a tudo isso, comecei a ficar todo arrepiado.

A Lei do Dar e Receber | **65**

Percebi que todo o programa envolvia apenas a observação obsessiva da tragédia de algumas pessoas muito infelizes. Agora eu sabia por que eu tinha deixado de assistir ao programa. À medida que a minha consciência de prosperidade se desenvolvia, os programas e os filmes a que eu assistia, bem como os livros que eu lia, eram outros. Intuitivamente, eu me afastara de programas como COPS e outros semelhantes.

Este é realmente um problema que existe hoje em dia...

As emissoras descobriram que é barato produzir programas que lidam com histórias da vida real e que as pessoas ignorantes fazem qualquer coisa para aparecer na televisão. É claro que também existem os programas diurnos no rádio e na televisão nos quais pessoas do público conversam no ar sobre um assunto específico ou discutem a vida de celebridades. Esses programas se aproveitam da ignorância das pessoas que se apresentam neles para que você se distraia. Eles são apenas outra forma de fofoca e reduzirão a sua prosperidade caso você decida assisti-los.

Se você só oferecer o bem, você só receberá o bem. É assim que essa lei funciona, o tempo todo, sem exceções. Não é maravilhoso?

Afirmações de Doação:

*Envio esta substância na certeza de que ela
abençoará quem der e quem receber.*

*O amor Divino, através de mim, abençoa e
multiplica tudo o que eu sou, tudo o que eu tenho,
tudo o que eu dou e tudo o que eu recebo.*

*Respeito todos aqueles com quem entro em contato
hoje e vejo a Divindade em tudo.*

*Sei que o Universo é bom e envio tudo o que eu tenho
de bom para que seja multiplicado.*

7

A Lei do Dízimo

O universo sempre recebe o dízimo a que tem direito.

Imagine que eu lhe faça a seguinte oferta. Vou pedir ao American Express que emita um cartão de dependente na minha conta com o seu nome. Você pode usar o cartão em qualquer lugar onde seja aceito e comprar tudo o que quiser. Não há limite para os gastos.

Se você quiser comprar um guarda-roupa novo, você pode. Se você escolher duas Ferraris e um Bentley, tudo bem. Você pode até comprar uma casa nova se conseguir encontrar um agente imobiliário que aceite cartões de crédito. Você pode comprar qualquer coisa que você queira!

Só há uma condição...

Quando a conta chegar todos os meses, você tem que pagar dez por cento dela. Compre então tudo o que quiser, mas saiba que você vai ter que pagar dez centavos em cada real gasto. Não é um grande negócio?

Você não aceitaria de imediato uma oportunidade como esta?

Você já está diante de uma. Chama-se o Universo Express Card.

O dízimo é uma lei espiritual que data de milhares de anos. Trata-se simplesmente da ação de recompensar a fonte do seu sustento espiritual, que em geral é a sua igreja, templo, mesquita ou sinagoga. A palavra dízimo vem do latim e significa a décima parte. Dar o dízimo significa oferecer dez por cento a Deus.

Isso é diferente de plantar sementes de um modo aleatório e também do dinheiro que você dá para a caridade. O princípio que está por trás do dízimo é que você recompensa a fonte de onde você recebe o seu sustento espiritual. Também é uma das leis que as pessoas parecem ter mais dificuldade para aceitar.

Pense nela de outra maneira. Em vez de achar que você está dando a Deus dez por cento do que é seu, você já parou para pensar que Deus está dando para você noventa por cento do que é Dele?

Agora sempre surge a pergunta: "É dez por cento do líquido ou do bruto?"

Do bruto. Exatamente, antes da dedução dos impostos.

É claro que eu não paguei o dízimo durante os meus primeiros 30 anos de vida. Pense em quanto dinheiro eu economizei!

Que piada. Eu costumava ganhar 11 mil, 15 mil, 20 mil dólares por ano. Agora o meu dízimo é maior do que isso! (Além disso, é claro, de algum modo eu vinha pagando o dízimo, involuntariamente, no hospital e na oficina.)

Mas eu tenho que ser o primeiro a admitir que pagar o dízimo é uma questão de fé. Vou dar uma idéia de como tudo aconteceu comigo...

O meu negócio tinha sido confiscado pelas autoridades fiscais pelo não pagamento de impostos. Isso me deixou uma dívida de 55 mil dólares e eu estava desempregado e sem carro, além de não ter uma conta bancária. Durante semanas vivi com dinheiro que pedira emprestado aos amigos, e ele estava acabando.

Eu conseguia comprar quatro caixas de macarrão com queijo por um dólar, desde que comprasse a marca do supermercado. Durante semanas, foi a única coisa que comi. Só me restavam 20 dólares quando uma pessoa me recomendou o livro de Ponder que mencionei anteriormente. Acho que ele custava 12 dólares. Se eu o comprasse, ficaria com 8 dólares. Eu tinha então que decidir se compraria 80 caixas de macarrão, e viveria mais vinte e três dias, ou compraria o livro e comeria durante mais oito dias.

Cheguei à conclusão de que, se eu ia morrer de inanição, era melhor que fosse rápido, de modo que resolvi arriscar e comprei o livro.

Nele, a autora dizia que eu tinha que pagar o dízimo para que a prosperidade se manifestasse na minha vida. Eu estava tão desesperado e com tanta vontade de acreditar nela, que acreditei. Peguei então um dos meus últimos 8 dólares e o coloquei na sacola da igreja. (E contemplei-o tristemente enquanto ele seguia pela nave!)

No dia seguinte, recebi um cheque de 75 dólares da companhia de energia elétrica. A carta que veio junto com ele dizia que eles tinham analisado a ficha dos consumidores e, como eu era um cliente que sempre pagava em dia, eles não precisavam mais do meu depósito inicial.

Isso foi absolutamente incrível, porque eu devia ser um dos piores clientes que eles jamais tiveram. Eu não só pagava a conta com atraso todos os meses, como na verdade eles tinham cortado a minha luz três vezes por falta de pagamento.

Eu estava (e estou) convencido de que recebi essa devolução porque paguei o dízimo na igreja naquele domingo. Mas se você analisou o que aconteceu, você deve ter calculado que, se eu recebi o cheque na segunda-feira, ele deve ter sido posto no correio na sexta anterior, ou seja, dois dias antes de eu ter ido à igreja. E você está certo.

Então, como eu explico o ocorrido? *Eu não posso explicar.*

Tudo o que sei é que passei a ter medo de NÃO pagar o dízimo depois de receber aquele cheque, de modo que paguei o dízimo sobre aquele cheque. E um cara que me devia 200 dólares, e havia dois anos estava sumido, reapareceu e me pagou o que devia. De modo que paguei o dízimo sobre essa quantia.

E venho pagando dez por cento de cada dólar que recebi a partir de então. E a cada ano venho ganhando mais do que no anterior. Só que agora eu não pago mais o dízimo por medo. Eu o pago com alegria, amor e gratidão.

Nunca sabemos de que maneira o dízimo vai voltar para nós. O dinheiro é uma das maneiras mais comuns. Mas ele também pode voltar sob a forma de uma reconciliação com uma pessoa com quem você teve um desentendimento, de um presente, de um novo relacionamento, de uma cura ou de uma promoção. O seu bem pode voltar para você de muitas maneiras.

Também acredito no seguinte: o universo sempre recebe o dízimo a que tem direito. Você pode pagá-lo espontaneamente ou à força. Mas sempre o pagará.

Antes de eu começar a pagar o dízimo, o meu carro estava sempre enguiçando, eu perdia os cheques dos meus pagamentos de salário, tinha contas de médicos para pagar e milhões de outras coisas que me faziam continuar duro.

Lembre-se de que a prosperidade tem a ver com a circulação. Você precisa manter a sua substância circulando; caso contrário, ela fica estagnada. Quando você paga o dízimo por escolha, você invoca várias das outras leis, inclusive a de dar e receber, criando ondas de oferecimento e abundância que acabam voltando para você.

A Lei do Dízimo

Afirmações para o Dízimo

*Através de mim, o amor Divino abençoa e multiplica
tudo o que eu sou, tudo o que eu tenho, tudo o que
dou e tudo o que recebo.*

Agradeço o bem que recebi e ainda estou recebendo.

*Celebro a fonte da minha abundância e agradeço
pela sua constante manifestação.*

Obrigado, Senhor!

8

A Lei do Perdão

Se você não é capaz de perdoar, você não pode aceitar a abundância

Acordei na sala de recuperação, com o médico rondando a minha cama. Ele me disse que tiveram dificuldade para encontrar a bala no meu corpo, mas que haviam conseguido retirá-la. Ele então mencionou *en passant* que já que estavam mexendo dentro de mim, aproveitaram para retirar o meu apêndice.

– O quê? Por que vocês fizeram isso? – perguntei. – O ferimento da bala é do outro lado.

– Ah, é apenas um procedimento de rotina – respondeu ele. – Sempre que abrimos o abdômen de alguém por qualquer motivo, retiramos o apêndice como medida de precaução. Desse modo, você não terá problemas mais tarde. Você não precisa mesmo dele.

Não acreditei no que tinha ouvido. Eu simplesmente não conseguia imaginar a arrogância e a audácia de uma pessoa que achava que sabia melhor do que Deus quais os órgãos que eu precisava no meu corpo e que podia arrancar uma coisa dele, sem nem sequer me consultar.

Deixei o hospital alguns dias depois, sentindo muito ressentimento. Para piorar as coisas, a cirurgia não deu muito certo. As suturas se desfizeram e, certo dia, ao olhar para baixo, notei que a minha camisa estava toda suja de sangue. Tive que voltar ao hospital.

Uma semana depois, o local infeccionou, e uma vez mais tive que ir para o hospital. Além disso, a dor estava insuportável. Eu não conseguia encontrar nenhuma posição, deitada, sentada ou em pé, que aliviasse a minha agonia.

À medida que os meses iam passando, em vez de melhorar, parecia que eu estava piorando. Eu acordava quatro ou cinco vezes por noite suando frio. Eu não tinha energia e tinha a impressão de que o meu corpo estava sempre combatendo uma infecção.

Fui a várias consultas com o meu médico e fiz uma série de exames, mas eles não acusaram nada. O meu problema o estava deixando completamente perplexo, de modo que começou a me enviar para especialistas.

Achamos que, talvez, eu tivesse pegado uma doença tropical nas minhas viagens, de modo que procurei um especialista em doenças infecciosas, mas não tive sorte. Experimentamos um otorrino. Nada. Fui a outros especialistas, mas o resultado era sempre o mesmo: não encontravam nada.

Durante essa novela, tive uma intuição. – Doutor, por favor, peça uma radiografia minha, porque acho que o hospital deixou a bala dentro de mim. Tenho a impressão de que o meu corpo está tentando expelir um corpo estranho.

– Poupe o seu dinheiro – respondeu ele. – Eles de fato são malucos no hospital Jackson, mas não tanto.

Finalmente, marquei uma consulta com um gastroenterologista que pediu uma série completa de radiografias com contraste do alto e baixo abdômen. Enquanto eu me preparava, a enfermeira percebeu a minha cicatriz e perguntou o que era. Mencionei a cirurgia para a retirada da bala e ela começou a bater as chapas.

Mais ou menos vinte minutos depois, ela voltou com uma radiografia na mão. – Estou vendo que eles deixaram a bala dentro de você – mencionou ela casualmente. – Fizeram isso porque ela está muito próxima da coluna?

Imagine só o meu choque e a raiva que senti a seguir. Eu estivera doente meses a fio. Eu não tinha seguro-saúde e gastara tudo o que possuía com médicos, exames e especialistas. Eu nem mesmo conseguia me lembrar da última vez que tivera uma boa noite de sono. E imaginar que o médico tinha me dito que eles haviam retirado a bala. Como ele pôde mentir para mim daquela maneira?

Fiquei muito confuso, sem saber para onde me voltar. Advogados especializados em imperícia médica estavam ansiosos para pegar o meu caso. Tudo indicava que eu conseguiria facilmente um acordo de um milhão de dólares fora dos tribunais.

No entanto, isso aconteceu depois que eu havia descoberto o livro *Leis Dinâmicas da Prosperidade*. Assim sendo, fechei os olhos, como sempre fazia quando precisava de orientação, folheei as páginas do exemplar e apontei aleatoriamente com o dedo para escolher a passagem que eu iria ler.

Era sobre o perdão.

E a autora na verdade analisava situações como estar envolvido numa ação judicial com alguém. Vi o meu milhão de dólares descendo pelo ralo. Ela dizia que, se estivéssemos presos ao ressentimento ou à vingança, não poderíamos estar abertos para receber o nosso quinhão de prosperidade.

Intuitivamente, eu soube que isso era verdade. Passei trinta minutos meditando sobre a situação. Compreendi que, por alguma razão, os médicos e a equipe do hospital tinham retirado o meu apêndice e deixado a bala dentro do meu corpo. Mas eles também tinham salvo a minha vida.

Eu tinha sido atingido em um assalto e fora levado para o hospital depois de perder muito sangue. Eu estava ficando sem pulso e o meu coração quase parou de bater. Sem a ajuda deles, eu teria morrido. Compreendi que eles tinham feito o melhor que podiam, com os recursos disponíveis e a consciência que tinham.

Escrevi 13 vezes uma afirmação sobre o perdão e coloquei-a dentro da minha Bíblia para repeti-la depois.

Liberei o ressentimento e visualizei a equipe médica na luz de Deus. E uma coisa impressionante aconteceu...

Naquele dia, pela primeira vez em muito tempo, ao me deitar, dormi até o dia seguinte sem acordar no meio da noite. Pouco tempo depois, submeti-me a outra operação para que a bala fosse removida. Mas a minha saúde começou a melhorar dramaticamente no dia em que concedi o meu perdão.

Essa lei está estreitamente ligada à lei do vácuo. Se você está agarrado à vingança, o amor não pode entrar. Se você está preso ao ressentimento, você está com o pensamento fixo em ser uma vítima, o que não deixa espaço na sua mente para que você seja um vencedor.

Você precisa se livrar dos sentimentos negativos, pois eles o consomem por dentro e o impedem de receber as coisas boas a que tem direito. Permita-me agora fazer uma pergunta a você:

A quem você acha que a maioria das pessoas tem mais dificuldade de perdoar?

Se você respondeu "a si mesmas", você deu a resposta fornecida por 99 por cento, ou mais, dos freqüentadores dos meus seminários. E você está certo.

Não sei por que tantas pessoas acham tão difícil perdoar a si mesmas, mas essa é a realidade. E eu também tinha a mesma dificuldade.

No entanto, vim a compreender que, por pior que eu achasse que eu era, eu tinha um Criador que já tinha me perdoado. Além disso, eu sabia que precisava perdoar a mim mesmo e seguir em frente, caso contrário, continuaria a manifestar uma vida de aflições, limitações e escassez.

Quando uma pessoa me procura porque a sua prosperidade parece bloqueada, este é o primeiro ponto que examino. Quando ela perdoa a si mesma, a prosperidade abre-se para ela.

Recomendo, portanto, que você tome as seguintes medidas:

1) Perdoe mentalmente todos aqueles com quem você não esteja em harmonia.
2) Peça mentalmente perdão às pessoas que você ofendeu no passado, de quem falou mal ou com quem esteja envolvido em ações judiciais ou algum outro tipo de desentendimento.
3) Caso você se culpe por ter fracassado ou cometido erros, perdoe a si mesmo.

Depois de levar a cabo o que sugeri acima, o fértil caminho da prosperidade Divina se abrirá para você!

Afirmações para o Perdão

Para os outros:

O amor que perdoa nos liberta.

O amor Divino gera uma perfeita harmonia entre nós.

Contemplo você com olhos amorosos, celebro a sua prosperidade e exalto a sua Divindade inata.

Para si mesmo:

Deus é apenas o bem e só deseja o bem para mim.

Sou perdoado pelo amor incondicional de Deus e tudo está bem.

A minha consciência se expandiu e eu liberto o antigo eu. Eu me perdôo e sigo em frente para aceitar a minha abundância.

9

O que Você Vai Deixar Deus lhe Dar?

"A pobreza é um pecado."

Charles Fillmore chocou a comunidade religiosa ao fazer essa declaração décadas atrás. E existem pessoas que ainda ficam chocadas quando eu a faço hoje. No entanto, se você traduzir o texto original da Bíblia em aramaico, você descobrirá que pecado significa "falhar". O livro *Um Curso de Milagres* descreve o pecado como ausência de amor.

Concordo com as duas definições, porque acredito que, quando somos pobres, estamos falhando em alguma coisa e rejeitando o amor que o Criador tem para nós. Não há nada espiritual a respeito da pobreza. Ela faz as pessoas mentir, enganar, roubar e até matar.

O sucesso e a prosperidade são o seu verdadeiro estado natural. A pessoa que não é bem-sucedida está em desarmonia com o Universo.

A busca da prosperidade é espiritual. Esse desejo é Deus que bate à sua porta, pedindo a você que o deixe entrar. Para que você *receba* mais, você precisa *tornar-se* mais. Nesse desejo de prosperidade, você avança no seu caminho da consciência espiritual.

O homem nunca teve um desejo que não pudesse ser satisfeito em algum lugar da providência Divina. Se esse não fosse o caso, o Universo se romperia no seu ponto mais vital. Deus não é um Ser que castiga, que exige que você se prostre e se humilhe diante dele. (Não importa o que alguns pregadores possam ter dito a você.) A palavra "evangelho" vem do latim *evangeliu* e quer dizer boa nova. E este é o tema deste livro.

A boa nova é que você tem um Criador que quer que você seja saudável, feliz e próspero. Ele o abençoou com o que é necessário para você manifestar tudo isso no plano físico.

Você não pode ser "tratado" para a prosperidade. Você precisa estar aberto para recebê-la.

Quando dou uma olhada na minha igreja, na minha cidade, no meu país e no meu mundo, vejo muitas pessoas que estão sofrendo escassez e limitações na vida. Eu sei que algumas delas olham para mim com inveja e se perguntam por que fui abençoado com o que elas não têm.

Por que as coisas são assim? Vamos analisar a situação...

É porque eu trabalho mais?
De jeito nenhum. O meu mecânico, o meu massoterapeuta e a minha empregada trabalham muito mais do que eu.

É porque tenho mais instrução?
Dificilmente. Completei o primeiro grau e fui expulso do segundo grau. Conheço muitas pessoas com vários diplomas universitários que estão atoladas na escassez e na limitação.

É porque eu sou uma pessoa melhor? Será que Deus gosta mais de mim?
O que você acha? Você realmente acredita que existe um Deus lá em cima, ou um Conselho Universal Jedi que diz: "Randy é um cara legal; vamos dar a ele um Lamborghini. Mary já não se comportou tão bem, de modo que merece um Toyota. Vamos dar a Randy um pouco de energia adicional porque ele vai disputar um jogo importante hoje. Quanto àquele cara, o Mike, vamos dar a ele um tumor horrível!"
É claro que essa idéia é ridícula. Sabemos que Deus e o Universo são bons. Ninguém é escolhido para ser punido. Todo mundo tem a oportunidade de manifestar a prosperidade. Isso nos leva então à última possibilidade...

AS 7 LEIS ESPIRITUAIS DA PROSPERIDADE

É porque eu sou mais espiritual?

É. Mas apenas no sentido de que a abundância que recebemos é proporcional à maneira como interpretamos e cumprimos as leis da prosperidade, as leis da nossa natureza.

Tudo é possível para você, mas não porque você diz uma prece e Deus atende ao seu pedido, e sim porque a sua fé em resultados prósperos é a chave que abre em você o poder da manifestação. Tudo tem origem na mente.

Aumente a sua consciência das leis espirituais e expanda a sua fé tanto no seu bem inato quanto nos talentos com os quais foi abençoado. As coisas boas virão. E virão em grande abundância. Saiba, porém, que elas chegam quando você se expande, e não à sua custa. A fé nos resultados certos é a única crença que você precisa ter.

Acredito que a fé é um poder sobre-humano que possuímos, um poder mental que tem a capacidade de moldar a substância. A base de todo trabalho é uma idéia. A fé torna a idéia real para você e para a sua mente subconsciente. Ela a torna real até para os outros. A seguir, quando os outros têm fé na coisa que você está fazendo, vendendo ou criando, eles passam a achar que ela merece o apoio deles. *Isso cria o poder da Mente Superior e expande enormemente o seu poder de prosperidade.*

Deus ou o Universo não atendem os seus pedidos. Eles já providenciaram a sua prosperidade. Não existem "milagres", como a maioria das pessoas os percebe. Esperar que milagres aconteçam é acreditar que você pode ser beneficiado com um acaso caprichoso e extravagante do universo. Em vez disso, *acredite* que o Universo vai

86 | RANDY GAGE

fornecer tudo o que você precisa no seu devido tempo e de um modo natural, enquanto você invoca essa força.

A sua prosperidade não está vinculada à economia, ao seu grau de instrução, ao seu chefe ou ao seu passado. Ela está aqui e agora, para que você a manifeste como desejar. Você nasceu para ser rico.

Todas as coisas são possíveis porque você tem fé nelas. Essa fé desencadeia as forças da prosperidade na sua mente para que ela viva as leis que transcendem as limitações e o potencial humano. Não se trata de uma questão de quanto Deus vai dar a você. A verdadeira pergunta é:

O que você vai deixar Deus lhe dar?